Pensé que no existía

EL AMOR

SARINETTE CARABALLO PACHECO

Pensé que no existía

EL AMOR

Pensé que no existía: El amor

Primera edición: mayo de 2025

Copyright © 2025 por Sarinette Caraballo Pacheco
Todos los derechos reservados.
hola@sarinette.com
http://pensequenoexistia.com

Diseño:
Adrián Rodríguez Jiménez
fussionpr@gmail.com
FUSION

Edición:
Gisella Herazo Barrios | @gisellacomunica
direccion@noubooks.es
NOUBOOKS

ISBN: 979-8-218-68463-1

Hecho en Puerto Rico

A mi esposo, Carlos:
Por regalarme los días más
hermosos que jamás pensé tener.
Un "te amo" jamás alcanzará
para expresar todo lo que siento por ti.

S. C. P.

Prólogo

*Este es el primer poemario de la serie **Pensé que no existía**. Más adelante vendrán otros, con otros vacíos que alguna vez también dolieron.*

A ti, que estás leyendo esto con el corazón medio apagado... que tal vez compraste este libro por impulso o te lo regalaron como si fuera una flor para el duelo.

A ti, que alguna vez pensaste —con más dolor que rabia— que el amor se había olvidado de ti. O peor: que nunca te había tenido en su lista.

Este libro no pretende convencerte. No tengo discursos ni promesas vacías. Pero tengo cicatrices. Y tengo versos nacidos de noches donde también lloré, creyendo que amar era solo para otras.

Sé lo que es elegir mal, confundir migajas con festines, dejar que te partan en mil pedazos y, aun así, sonreír para que nadie sospeche.

Pero también sé que, a veces, cuando ya no esperas nada, llega lo que siempre mereciste.

Sin ruido. Sin flores. Sin fuegos artificiales. Solo alguien que te elige y se queda. Que te ve. Que no huye.

Este poemario no es una guía. Es una mano extendida. Una lámpara encendida en medio de esa oscuridad donde pensaste que solo vivías tú.

Léelo lento.
Permítete sentir.
Llora si necesitas.

Y cuando termines, mírate en el espejo y repítelo hasta creerlo:

Pensé que no existía.
Pero me encontró.
Y ahora sé que sí.

Bienvenido, bienvenida.
Te estaba esperando.

Para ti

Aunque no lo hayas visto

Decía que el amor se fue de fiesta,
que no regresó ni a la promesa.
Pero lo vi bajando cuestas,
vestido de paz y sin careta.

Me habló sin gritos, ni presiones,
me escuchó llorar sin condiciones.
No me rescató de mis ciclones,
me enseñó a remar mis emociones.

Y entendí que no se había perdido,
es que nunca antes lo había elegido.
Y, aunque no lo hayas visto,
lo encontrarás cuando sanes el r
                                          u
                                        i
                                    d
                                   o.

Me elegí primero

Antes de que él tocara mi puerta,
fui yo quien cerró la más desierta.
Barrí mis ruinas, curé mi alerta,
y abracé mi herida abierta.

Me miré sin juicio, sin apuro,
me hablé bonito, construí lo puro.
Ya no quería amor, si era inseguro,
ni migajas vestidas de "te lo juro".

Porque me elegí, se hizo el espacio.
Aprendí a oler el rechazo.
Y entonces llegó él, sin reemplazo…
porque por fin, yo misma, fui mi abrazo.

Cuando no todo está bien

El amor bonito no es de novela,
no siempre sonríe, no siempre vuela.
A veces se sienta, apaga la vela
y espera en silencio que pase la estela.

No todo será sol ni primavera,
habrá huracanes y noches afuera.
Pero, si él se **q**ueda en la marea,
ya no hay d**u**da: ese amor sí val**e** la pena.

Nunca h**a** gritao' cuando no **p**uede más,
me mi**r**a callao' y m**e** habla en paz.
Ser fiel en guerra, eso sí es amar;
y no largarse… eso sí es cuidar.

Cómo se reconoce lo bueno

No viene a curarte la herida,
ni promete salvarte la vida.
Camina contigo a la cima
y no se asusta si estás **d**olida.

Alguien bueno no te **v**igila,
confía, aunque la tormenta o**s**cila.
No impone cadenas ni **t**e anula,
te aplaude cuando vuelas a las alturas.

Se nota en los gestos, no en las flores.
Te mira sin sombra y sin temores.
Es p**az** con zapatos, no pide favores.
Y llega sin juegos… ni revolcones.

Todavía existen

Todavía hay hombres **q**ue abren la puerta,
que te besan el alma cuando estás despierta.
Que te escriben "te amo" como receta,
y lo repiten, a diario, a**u**nque ya lo sepas.

Todavía hay manos qu**e** no maltratan,
palabras que no **d**uelen ni amenazan.
Hay mas**a**jes servidos sin que los pidas,
mi**r**adas que cuidan y no lastiman.

No est**á**n en cuentos ni están perdidos,
solo hay que mirar donde hay **s**entidos.
Existen, aunque no te haya tocado…
Lo sé porque uno de esos, me ha amado.

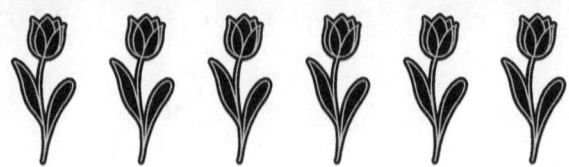

No des tu amor a cerdos

No des tu amor a cerdos,
ni a quienes solo buscan placer.
El cerdo disfruta del fango,
y tu esencia nunca podrá ver.

No vendas tu alma por sexo,
ni cambies tu ser por una ilusión.
Hay hombres que honran tu proceso,
y te entregan su amor sin condición.

El amor no es un juego en la sombra,
ni un capricho que te han de ofrecer.
Es un compromiso que se nombra,
y crece cuando lo sabes proteger.

Y si ya caíste, no lo repitas,
prométete a ti misma con fe:
"Mi dignidad no se vende,
y mi valor nunca deja de ser".

¡De pie!

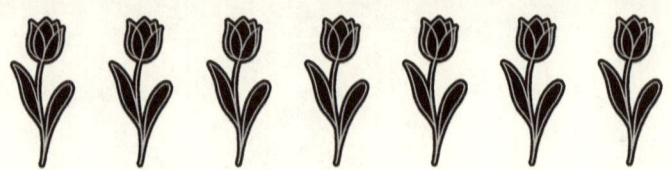

Tú no estás rota

No estás rota, amiga, solo herida,
y no por eso estás vencida.
Aún hay quien sabrá ver tu brillo,
aunque otros solo vieron el bordillo.

No eres "difícil", ni estás "de más",
quien sea real, te amará en paz.
Sin maquillarte el alma ni el dolor,
te va a elegir, sin temor al error.

Ese amor existe, aunque hoy no lo veas,
y no vendrá a arreglarte, sino a que lo creas.
Un hombre que entienda tu progreso,
te abrace fuerte y sea tu regreso.

A ti que dudas

A ti que dudas que exista un "nosotros",
te han fallado tanto, cree**s** que son otros.
Pero hay un hombre que, **si**n ser perfecto,
te verá completa, con todo y defectos.

Te hablará claro, no será promesa,
te amará aunque estés de cabeza.
No huirá de **tu**s días grises,
te ayudará a recoger tus cicatrices.

Ese amor no es cuento, ni es fantasía,
no es utopía: es **v**alentía.
Y aunque **lo** dudes… existe, amiga.
Yo también pensaba que no iba a suceder,
hasta que lo viví y lo pude comprender.

Lo que mereces

Mereces alguien que no se oculte
cuando le hables de lo que el alma te ajuste.
Un hombre que escuche tu silencio,
y no te obligue a amar sin consenso.

Alguien que baile contigo sin música,
que se quede aunque tu risa sea rústica.
Que no se raje si tú te trancas,
y que se quede mientras te levantas.

Tú no pides mucho, pides verdad.
El amor real existe… y da tranquilidad.
Te mira con alma, te cuida la herida,
te ama en la sombra y en la subida.

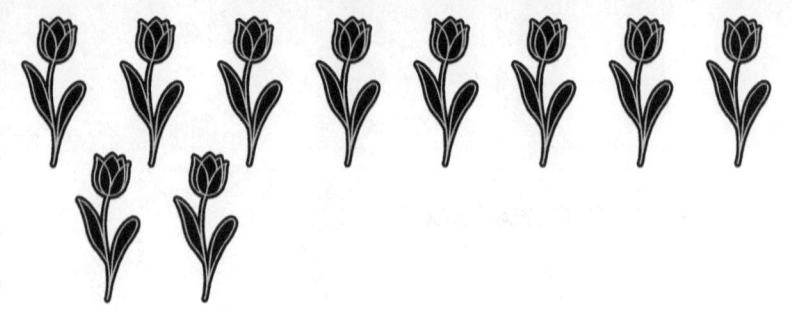

Soledad que sana al alma

Me pregunto a mí misma
si esto que vivo es normal.
Necesito un tiempito
para el alma y mente sanar.

Luego de tantos tiempos duros,
mi deseo es mejorar.
Pero no puedo hacerlo
sin retirarme a descansar.

No sé si te pasa como a mí,
que hay días en que quiero huir.
Me sobran razones para continuar,
pero necesito, aire nuevo respirar.

Soledad que sana al alma,
pocos comprenden tu calma.
Eres como medicina que no se impone,
pero en tu corto abrazo, el alma repone.

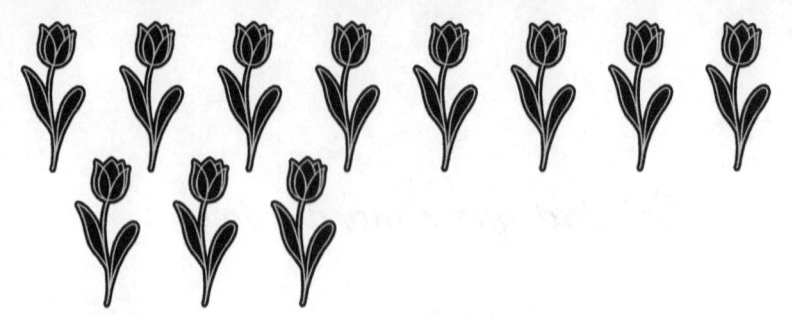

Imagina

Imagina un abrazo sin condiciones,
donde no midan tus emociones.
Un "te entiendo" sin juicio ni guerra,
que no te apague, que no te encierra.

Un hombre que no te mire como carga,
que ame tu **f**uego, **tu**s noch**es** ama**rg**as.
Que no compita contigo,
sino que te diga: "Tú eres mi brillo".

No te conformes con un casi amor,
porque hay uno real, lleno de valor.
Tú fuiste hecha **pa**' un amor qu**e** abrace,
no pa' uno que **l**lega y luego deshace.

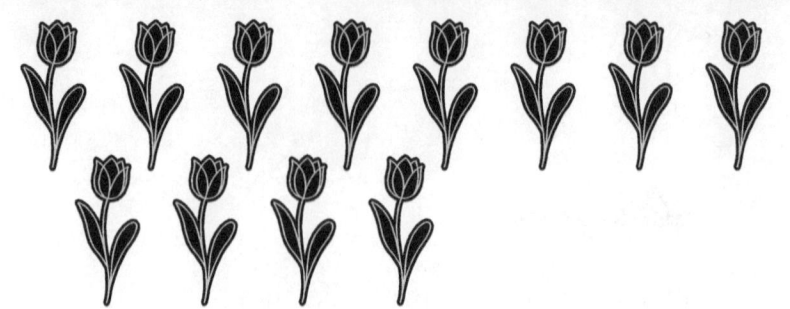

Si tuvieras la osadía

Si tuvieras la osadía de amar de nuevo,
dejarías atrás tantos "no puedo".
Verías que hay manos que no hieren,
y bocas que palabras sinceras prefieren.

No todos mienten, ni todos destruyen,
hay quienes sanan lo que otros hunden.
Existen hombres que, sin pretender,
te aman entera, te saben leer.

Quizás te han hecho creer que no hay más,
pero hay amor que es aún real.
Y cuando llega, sin pedir permiso,
todo lo falso se cae del hechizo.

Se llama hogar

Hay amores que no se gritan,
se sienten en cómo te habitan.
No duelen, no apuran, no pesan,
te abrazan fuerte, aunque tropiezas.

Ese amor no compite, no aplasta,
se sienta a tu lado y no se desgasta.
Te hace reír con lo más simple,
y te levanta cuando todo se vuelve triste.

Se llama hogar, aunque no tenga techo,
se llama amor, aunque no sea perfecto.
Y si algún día te atreves a creer,
verás que existe… te hará florecer.

Nos eligió

Me eligió completa

No llegué sola,
venía con **d**os luceros,
con historias que incomodan
a los amor**e**s ligeros.

Pero él **n**o se espantó
ni pidió una versión nueva,
me miró y se arropó
con la historia que me lleva.

No eligió solo mi **r**isa,
ni mi cuerp**o**, ni mi cama;
eligió a las que siempre contestarán
cuan**d**o grito "¡soy mamá!".

No eran suyas

No ll**e**gó con cuentos viejos,
ni promesas disfrazadas.
Solo llegó... y se quedó,
mejorando mis mañanas.

No eran suyas, pero un día
aprendió sus sinsabores,
les abrazó las heridas
y, a cambio, sembró colores.

No les cantó de pequeñas,
ni las meció de bebé,
pero fue el hombre que estuvo
cuando el amor pidió fe.

Como si fueran de él

Las llevó a tiempo a la escuela,
les firmó cada permiso,
fue testigo de sus logros
y hasta lloró en cada aviso.

Solía sentarse con ellas
para hacer sus asignaciones.
Les tenía tanta paciencia
que creí estar viendo visiones.

No pregunta si merece
ser llamado su papá.
Sabe bien que el amor
no conoce de títulos,
no se hereda, solo se da.

Le pedí a Dios que un hombre
las amara como a él…
y me mandó a este valiente
que las cuida siempre fiel.

Amor del bueno

El día que lo vi

Entró la belleza sin pedir permiso,
seis pies y cuatro de puro hechizo.
Piel de invierno, mirada de brisa,
y la barba entre negro y rojiza…

Negro el cabello, manos cuidadas,
piernas gigantes y dientes de porcelana.
Ojos hundidos como quien ha llorado,
con forma de *Sad Sam*, pero iluminados.

Su frente amplia, su andar caballeroso,
me miró, y el mundo se volvió borroso.
No dije nada… solo me reí,
porque ese día, supe que lo elegí.

Desde el principio

Desde el día uno **h**abl**a**mos sin **m**iedo,
sin máscaras, sin tanto enredo.
Yo dije: "Así soy", sin rodeo.
Él soltó: "**Pu**es dale, vamo' al m**e**neo".

No le mentí, no me edité.
No vendió sueños, ni los comp**r**é.
To' fue al grano, fue c**o**n fe,
y sin darme cuenta... me enamoré.

Las alma**s** se esc**o**gen sin maqui**l**laje;
la verdad **n**o espanta, da coraj**e**.
Si no **s**e habla claro desde el saque,
el amor se tranca antes de que arranque.

En primera fila

Nunca me **p**ediste qu**e** cambi**a**ra,
ni que mi **a**lma se call**a**ra.
No me **q**uitaste mis **fu**egos ni mi **e**strella…
al contrario, **tú** trajiste **la** leñ**a** más b**e**lla.

Me vi**s**te **c**aer y levantar,
y aún sin verme tri**u**nfar,
cuando otros solo aplauden la cima,
tú celebras el inicio… sin medida.

Has sido mi porrista y mi luc**e**ro,
mi mentor callado, firme y bueno.
El primero en leer lo que e**s**cribo,
el último en soltarme si me rindo**.**

Gracias por no querer un molde,
por no pedir que mi voz se doble.
Gracias por amar a esta mujer sencilla…
con sueños grandes, y tú en primera fila.

Conoces mi piel

Conoces cada esquina de mi piel,
como si cada surco, cada marca,
te hablara de mí en un lenguaje silencioso
que solo tú sabes escuchar.

Mis miedos se disuelven en tu abrazo,
mis dudas se desvanecen cuando me miras,
y en cada caricia, se vuelve a escribir
una historia de amor que no termina.

Tú eres el mapa de mi ser,
el viajero que se atreve a recorrer
mis noches más oscuras, sin temor, y halla
belleza en cada pliegue
de lo que yo creí solo era error.

No hay rincón que no conozcas,
no hay sombra que no ilumines con tu ser.
En cada beso, una promesa: te elijo, una y
otra vez, en cada parte de mi piel.

En tu amor hallé refugio

En tus brazos hallé armonía,
un refugio que, al fin, me da alegría.
Cuando el viento al mundo lanza su furia,
tu amor calma mi alma y mi penuria.

No hay tormenta que me pueda arrastrar,
ni sombra que me haga dudar,
porque en ti encontré lo que es verdad,
un amor sin fin, mi eternidad.

A tu lado el tiempo se detiene,
mi corazón por siempre se mantiene
en el latir suave de tu amor,
que me da fuerza, certeza y calor.

Te elijo

El amor no es promesa ligera,
ni palabra lanzada a la brisa.
Es quedarse, aunque duela la espera,
aunque a veces el alma se eriza.

No es solo pasión de verano,
ni caricias bajo el aguacero.
Es tomarte la mano de nuevo,
cuando el mundo se vuelve un basurero.

Aun en días de sol apagado,
te elijo sin mapa ni horario.
Aunque el paso se sienta cansado,
mi latido repite: te elijo a diario.

Sin anuncios ni flores urgentes,
sin promesas que el viento se lleve,
te elijo en mis dudas presentes
y en lo incierto que el día revele.

No somos fáciles

Tú sueltas sarcasmo con fuego,
yo guardo silencios que a veces no entrego.
Tú quieres hablar cuando estoy hirviendo,
yo quiero distancia, tan solo un momento.

Tú ríes de cosas que a mí me incomodan,
yo creo tener la razón, y me sofocan
las ganas de huir, de evitar la pelea,
pero tú me esperas, aunque el alma duela.

No somos perfectos, ni cerca, mi cielo,
incluso con fallos, me cubres del hielo.
Me abrazas sin juicio, con toda mi historia,
y haces del caos, un nido de gloria.

Nos llevamos unos años

Dicen que el amor tiene fecha exacta,
que hay que buscarlo en la edad correcta.
Pero el corazón no entiende pactos,
ni pregunta cuántos cumples en la recta.

Llegué siete años m**á**s tempra**n**o,
pero él llegó con su paso liviano.
No le importó mi calen**d**ario human**o**,
me **t**omó la mano… y el r**e**sto fue cercano.

No hay reloj que mida las pasiones,
ni calen**d**ario que borre emociones.
Él es futuro, y yo soy pr**e**sente,
juntos, amor… amor, simplemente.

Las veces que lloraste

Tú también lloraste en silencio,
aunque evitaste hacer un drama.
Bajaste la mirada sin desprecio,
mordiendo el gesto como una llama.

Te vi cargar lo que dolía,
como quien sostiene la marea.
Sin decir nada, sin cobardía,
guardaste el temblor que nadie espera.

No sé cuántas veces callaste,
ni cuántas rompiste por dentro.
Solo sé que en pie te quedaste,
siendo escudo, faro y centro.

Pero yo lo supe, lo aseguro,
aunque tu fuerza lo disfrazara.
Y en cada batalla, sin apuro,
te amé más... aunque no hablaras.

Hogar sin paredes

Dormimos meses en techos prestados,
la incertidumbre cubría nuestros lados.
No hubo promesas en cada jornada,
pero sí abrazos… en cada almohada.

Nos teníamos el uno al otro de abrigo,
tus manos hacían del suelo un nido.
De cada silencio brotaba una canción,
de cada miedo, una oración.

Me miraste sin juicio ni castigo,
cuando lloraba por lo que fuimos testigos.
Me enseñaste que el amor profundo,
no lo tumba ni el temblor más rotundo.

Cuando el suelo volvió a sostenernos,
sé que fue Dios quien quiso mantenernos.
No fue azar ni simple espera:
fue tu fe, la mía y esta siembra verdadera.

El hombre que no huye

Pensé que al mostrar mis ruinas,
ibas a mirar pa' otro lao',
pero tú, con calma divina,
hiciste de escombros, tejado.

No dijiste "**y**o te arreglo",
ni jugaste a redentor,
solo **a**briste aquel anhelo
de un amor sin condición.

Y cuando quise correr,
temiendo no ser bastante,
me abrazaste sin ceder,
como quien ama constante.

Así se ama después

Después del miedo y la herida,
yo juraba que el amor dolía,
pero **tú** llegaste a mi vida
y cambiaste to'a esa teoría.

No compit**e**s ni me manda**s**,
no me cela**s**, no me engañas;
solo cuidas, suave, en calma,
como el mar cuando se baña.

Así se ama, sin cadenas,
con respe**t**o y con sazón;
y hasta en mis noches m**á**s ajenas
me hace**s** creer en el **a**mor.

Pensé que amar era guerra

Pensé que amar era un revolú,
que siempre iba a doler,
que el amor de verdad
solo salía en papel.

Pero **t**ú llegaste suave,
sin prisa, **s**in empujar.
No pediste, no **e**xigiste,
fuiste calma pa' mi **m**ar.

Como es**p**osa fui creciendo,
me hice lava, me hice piel.
Contig**o** hice hogar primero,
y ya no siento envecejer.

Me miras como a nadie

No soy siempre risa ni verso,
a veces soy sombra y duda.
Pero tú me miras hondo —como a nadie—,
y en tus ojos soy ternura.

Con la cara sin maquillaje
y el moño esmorusao',
tú me llegas con coraje
y me amas bien afincao'.

No me miras por pedazos,
me ves toda, sin medida.
Y en tu abrazo, más que esposa,
soy mujer…
soy consentida.

Donde más duele

No huiste cuando lloraba
por cosas que no eran tuyas.
Te sentaste en mi tristeza
como si fuera la tuya.

No trataste de salvarme
ni me ofreciste atajos,
me regalaste silencio
y tu hombro como descanso.

Ahí supe que eras mi hogar:
cuando no intentaste arreglarme,
solo me amaste completa…
cuando más dolía amarme.

No pido permiso pa' ser feliz

No pido permiso pa' ser feliz,
ni oigo **a** quien no supo vivi**r**.
Tú encendiste el fuego en mí,
cuando el mundo se dejó ir.

No explico lo que sentí,
ni me pesa renacer.
Sé lo que vale un amor así,
y lo volvería a escoger.

Soñé con un amor tenaz,
ese que no usa disfraz.
Me encontró sin pedir permiso
y tampoco dio tiempo de aviso...

Nos dieron par de meses

Cuando más pesado es el día,
llegar a casa me cambia la vida.
Entro por la puerta,
y tu olor renueva mi energía.

El cansancio y la rutina
no me impiden amarte como mereces.
Eres esa adrenalina
que poco a poco reenergiza mi mente.

Te miro, me miras.
Sabemos que nos pertenecemos.
Sonríes, me abrazas,
me derrito y empieza el juego.

Como las hojas de un buen libro,
mis dedos se deslizan por tu piel.
Por más que pase la página,
no me canso de leer.

Siempre te amaré. Contigo voy a envejecer.
¿Quién diría que nos dieron par de meses?

Sin mirar atrás

Me dijeron que no lo hiciera,
que el amor verdadero no era para mí,
pero en tus ojos vi la primavera,
y decidí caminar sin temer al fin.

No importa lo que digan o piensen,
cuando el corazón sabe lo que es real.
Ellos no vivirán mis noches, mis cielos,
ni el poder de un lazo celestial.

Elegí amarte sin mirar atrás,
sin miedos, ni dudas que nublen mi ser.
Porque a tu lado, cada paso es vital
y sé que te escogí por querer.

Pensé que no existía

Pensé que no existía… claro que lo pensé,
que el amor bueno era cuento o canción,
pero llegaste tú con tu forma de ser,
a sanar cada ruina de mi corazón.

Me dijeron: "Eso no dura",
"espera", "cuidado",
pero ¿cómo dudar si mi alma gritó
que en tu abrazo el tiempo se había parado
y el dolor antiguo… por fin calló?

No te elegí por impulso ni por temor,
te elegí porque reconocí mi hogar,
y aunque el mundo no entienda este amor,
yo lo elegí… y lo volvería a hacer
sin titubear.

Pensé que no existía…
que el amor era mito, trampa, poesía.
Una fábula escrita con tinta ajena,
mientras la vida me dolía sin pena.

Pensé que amar era sobrevivir,
callar mis sueños para no discutir.
Que ser amada era premio de suerte,
y no un derecho que le gana a la muerte.

Pero llegaste tú, con pasos sinceros,
rompiendo cadenas y miedos enteros.
No me salvaste… me recordaste
que yo también merezco quien me abrace.

Hoy no temo, ni huyo, ni dudo.
Sé que hay amores que lo curan todo,
como el tuyo.
Y a ti, mujer, que ya no confías:
te juro que existe. Yo también…
pensé que no existía.

Amado lector:

A ti, que le diste oportunidad a estas páginas, aunque el corazón te pesara o el silencio sonara más fuerte.

Gracias.
    Por leer.
        Por sentir.
            Por quedarte.

Quiero que sepas esto: tu valor no depende de una relación. No nace del amor que das o que te niegan. Tú vales porque existes. Porque respiras. Porque en medio de tus aciertos y tus errores, sigues aquí, aprendiendo, creciendo, sintiendo.

Que este libro haya sido, aunque sea por un ratito, una lámpara encendida pa' tu alma. Una compañía honesta. Una prueba de que no estás solo o sola. Ni es tarde.

Léete con compasión. Abrázate sin miedo. Y no olvides que hay vacíos que solo Dios llena. Y el amor —el de verdad— empieza cuando tú también te eliges.

Gracias por confiarme tu tiempo.

Con cariño,

Índice

PARA TI

Aunque no lo hayas visto 11
Me elegí primero 13
Cuando no todo está bien 15
Cómo se reconoce lo bueno 17
Todavía existen 19
No des tu amor a cerdos 21
Tú no estás rota 23
A ti que dudas 25
Lo que mereces 27
Soledad que sana al alma 29
Imagina 31
Si tuvieras la osadía 33
Se llama hogar 35

NOS ELIGIÓ

Me eligió completa 39
No eran suyas 41
Como si fueran de él 43

AMOR DEL BUENO

El día que lo vi 47
Desde el principio 49
En primera fila 51
Conoces mi piel 53
En tu amor hallé refugio 55
Te elijo 57
No somos fáciles 59
Nos llevamos unos años 61
Las veces que lloraste 63
Hogar sin paredes 65
El hombre que no huye 67
Así se ama después 69
Pensé que amar era guerra 71
Me miras como a nadie 73
Donde más duele 75
No pido permiso pa' ser feliz 77
Nos dieron par de meses 79
Sin mirar atrás 81
Pensé que no existía 83

Amado lector 86

www.ingramcontent.com/pod-product-compliance
Lightning Source LLC
Chambersburg PA
CBHW030224170426
43194CB00007BA/850